Sandra Eichfelder

Malen und Lernen

Rechnen mit Spaß
2. Schuljahr

Illustrationen von Corina Beurenmeister

D1719112

Dieses Heft gehört

_____

Name, Alter, Klasse, Lehrer/in

Ergänzen

Wie kommst du zu der Ergebniszahl?
Trage die fehlenden Zahlen in die Aufgaben ein.

10 + <u>2</u> =
        12
20 − <u>8</u> =

10 + ___ =
        14
20 − ___ =

14 + ___ =
        16
19 − ___ =

16 + ___ =
        19
19 − ___ =

11 + ___ =
        16
18 − ___ =

12 + ___ =
        13
19 − ___ =

13 + ___ =
        15
17 − ___ =

10 + ___ =
        18
19 − ___ =

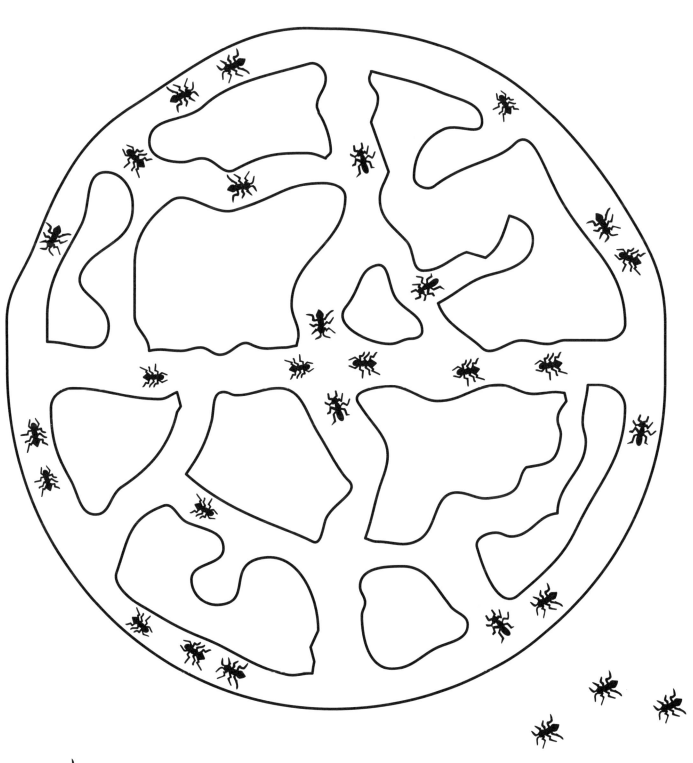

Zerlegen

Wie kann man die Zahlen am besten zerlegen?
Schau dir das Beispiel an, und probier es aus.

$8 + 7 =$

$8 + 2 + 5 = 15$

$4 + 8 =$

$9 + 6 =$

$5 + 6 =$

$18 - 9 =$

$18 - 8 - 1 =$

$15 - 7 =$

$16 - 8 =$

$14 - 9 =$

Hund und Herrchen

Welcher Hund gehört zu welchem Herrchen?
Verbinde die zusammengehörenden Hunde und
Herrchen mit einer Hundeleine!
Ein Tipp: Die Aufgaben und die Ergebnisse müssen
zusammenpassen.

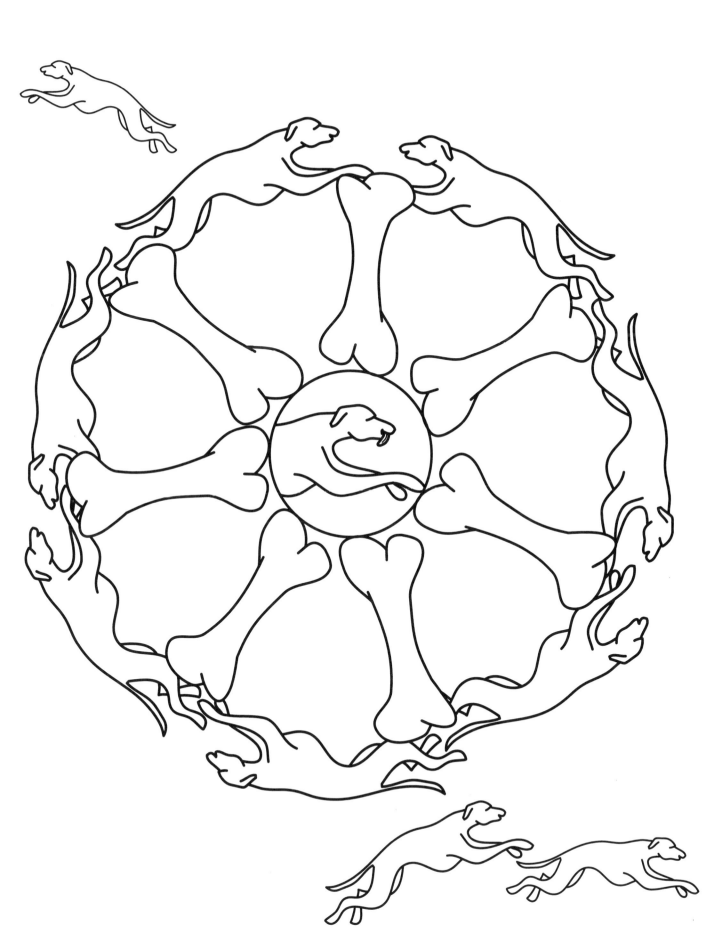

Halbieren und verdoppeln

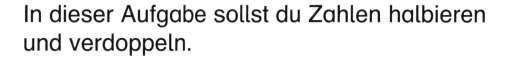

In dieser Aufgabe sollst du Zahlen halbieren
und verdoppeln.

Halbiere:	Halbiere:	Halbiere:
10 → ___5___	8 → _____	_____ → 8
6 → _____	14 → _____	_____ → 1
12 → _____	18 → _____	_____ → 10
4 → _____	16 → _____	_____ → 4

Verdopple:	Verdopple:	Verdopple:
2 → ___4___	6 → _____	_____ → 12
5 → _____	1 → _____	_____ → 4
3 → _____	10 → _____	_____ → 8
8 → _____	4 → _____	_____ → 14

Kleiner, größer oder gleich?

Sind die Ergebnisse der Rechenaufgaben kleiner oder größer als die Zahlen?
Trage die richtigen Zeichen ein.

14 + 3 ___ 18		19 − 6 ___ 15	
2 + 9 ___ 11		20 − 6 ___ 11	
12 + 6 ___ 15		17 − 4 ___ 11	
13 + 4 ___ 18		16 − 3 ___ 13	
12 + 8 ___ 19		18 − 5 ___ 14	

20 − 5 = 11 + 4	15 + 3 ___ 20 − 1
17 − 4 ___ 12 + 3	14 + 4 ___ 19 − 3
12 + 5 ___ 19 − 2	18 − 4 ___ 12 + 1
18 + 1 ___ 20 − 2	16 − 2 ___ 10 + 4
19 − 6 ___ 13 + 2	11 + 5 ___ 19 − 1

Gerade oder ungerade?

Male die Felder mit geraden Zahlen grün aus und
die Felder mit ungeraden Zahlen blau! Was siehst du?

Nachbarn

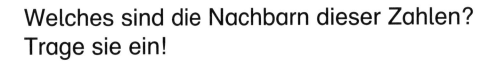

Welches sind die Nachbarn dieser Zahlen?
Trage sie ein!

Finde die Nachbarzahlen!

_12_	– 13 –	_14_	_____	– 25 –	_____
_____	– 98 –	_____	_____	– 54 –	_____
_____	– 47 –	_____	_____	– 32 –	_____
_____	– 66 –	_____	_____	– 84 –	_____
_____	– 11 –	_____	_____	– 73 –	_____

Finde die Nachbarzehner!

_30_	– 32 –	_40_	_____	– 45 –	_____
_____	– 78 –	_____	_____	– 54 –	_____
_____	– 64 –	_____	_____	– 21 –	_____
_____	– 19 –	_____	_____	– 98 –	_____
_____	– 82 –	_____	_____	– 33 –	_____

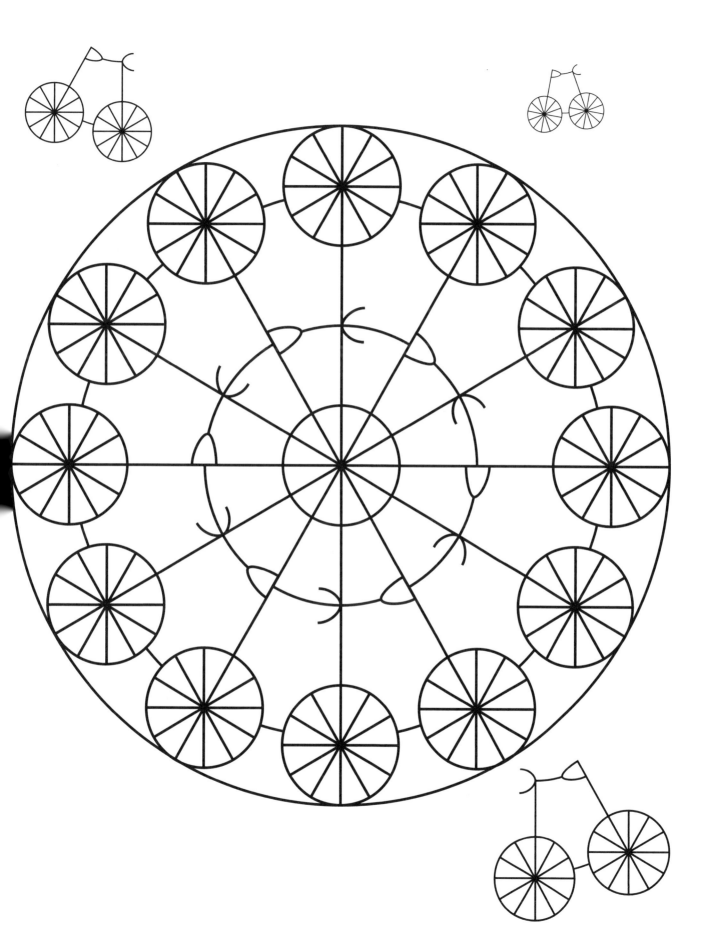

Rechnen mit Zehnerzahlen

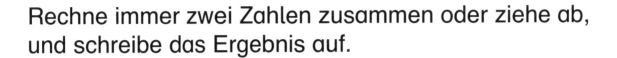

Rechne immer zwei Zahlen zusammen oder ziehe ab,
und schreibe das Ergebnis auf.

20 + 2 = _____

60 + 5 = _____

30 + 8 = _____

50 + 6 = _____

70 + 3 = _____

32 − 2 = _____

53 − 3 = _____

44 − 4 = _____

67 − 7 = _____

25 − 5 = _____

63 + 4 = _____

75 + 2 = _____

46 + 3 = _____

52 + 5 = _____

31 + 6 = _____

86 − 4 = _____

52 − 1 = _____

79 − 6 = _____

48 − 3 = _____

27 − 5 = _____

Über den Zehner hinaus

Zerlege die Zahl so, dass du erst auf den vollen Zehner ergänzt. Rechne die Aufgaben.

63 + 9 =

63 + 7 + 2 =

28 + 7 =

_____

36 + 6 =

_____

47 + 4 =

_____

12 − 7 =

12 − 2 − 5 =

24 − 8 =

_____

84 − 5 =

_____

21 − 4 =

_____

Schmetterlinge und Blüten

Male die Blumen und die Schmetterlinge,
die zusammengehören, jeweils in der gleichen Farbe aus!
Vergiss dabei das Rechnen nicht!

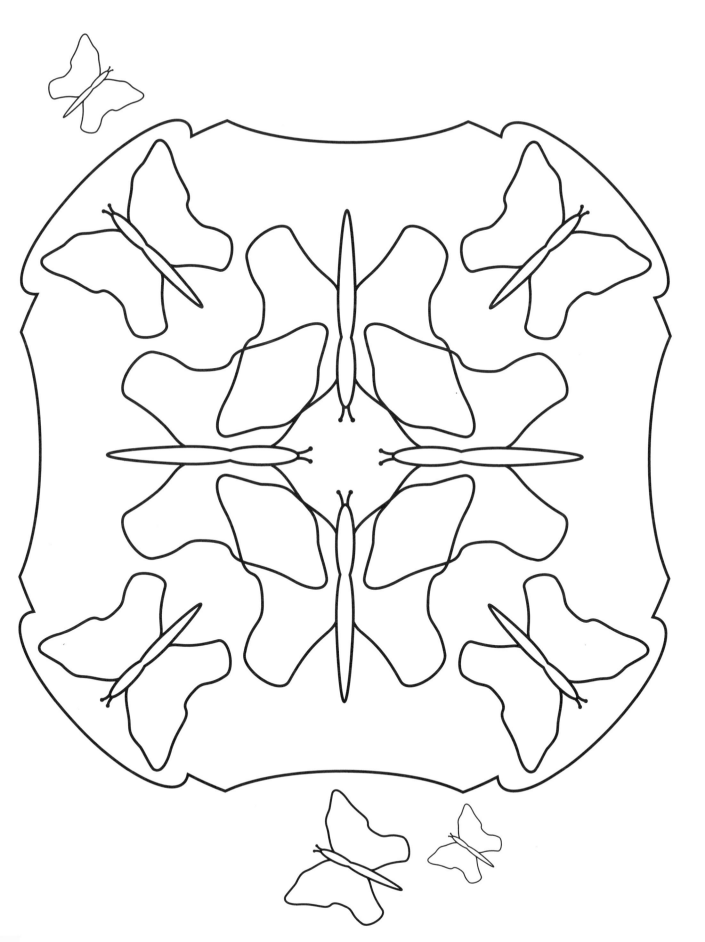

Zweistellige Zahlen

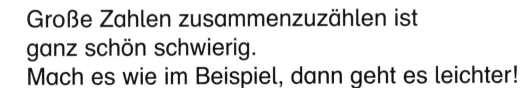

Große Zahlen zusammenzuzählen ist
ganz schön schwierig.
Mach es wie im Beispiel, dann geht es leichter!

$17 + 26 =$ _____ $17 + 46 =$ _____ $28 + 68 =$ _____

$17 + 20 = 37$ $17 + 40 =$ ___ $28 + 60 =$ ___

$37 + 6 \ =$ ___ ___ $+$ ___ $=$ ___ ___ $+$ ___ $=$ ___

$56 + 35 =$ _____ $13 + 29 =$ _____ $37 + 27 =$ _____

$56 + 30 =$ ___ $13 + 20 =$ ___ $37 + 20 =$ ___

___ $+$ ___ $=$ ___ ___ $+$ ___ $=$ ___ ___ $+$ ___ $=$ ___

Rechne nun auf einem extra Blatt weiter.

$48 + 38 =$ ___ $66 + 29 =$ ___ $57 + 24 =$ ___

$29 + 34 =$ ___ $17 + 48 =$ ___ $37 + 35 =$ ___

$17 + 75 =$ ___ $19 + 48 =$ ___ $33 + 38 =$ ___

Abziehen zweistelliger Zahlen

Versuche, die kleineren Zahlen von den größeren
abzuziehen. Wenn du es in zwei Schritten tust,
ist es nicht mehr schwer!

81 − 48 =

81 − 40 = 41

41 − 8 =

95 − 26 =

95 − 20 =

___ − ___ =

53 − 39 =

53 − 30 = ___

___ − ___ =

95 − 66 =

95 − 60 = ___

___ − ___ =

73 − 49 =

73 − 40 = ___

___ − ___ =

71 − 63 =

71 − 60 = ___

___ − ___ =

Rechne nun auf einem extra Blatt weiter.

91 − 53 =

37 − 29 =

61 − 37 =

82 − 36 =

47 − 29 =

42 − 19 =

54 − 37 =

62 − 55 =

91 − 32 =

Malnehmen

Verbinde die Punkte – aber geh dabei immer drei weiter! Also: 1 – 3 – 6 usw.

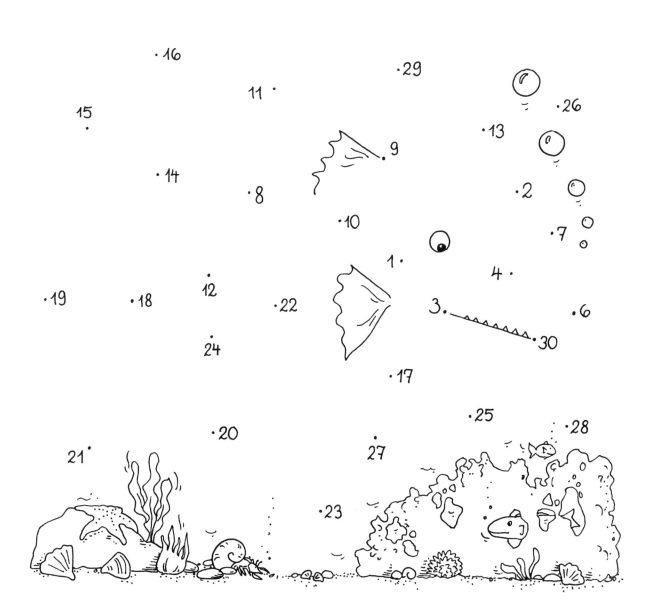

Malaufgaben gesucht!

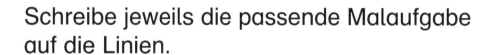

Schreibe jeweils die passende Malaufgabe
auf die Linien.

3 + 3 + 3 + 3 =
4 · 3 =
_____

4 + 4 + 4 + 4 + 4 + 4 =
_____

2 + 2 + 2 + 2 + 2 =

_____

5 + 5 + 5 =

_____

8 + 8 + 8 + 8 =

_____

6 + 6 =

_____

10 + 10 + 10 + 10 + 10 + 10 + 10 + 10 =

_____

Schreibe jetzt die passenden Plusaufgaben auf
ein extra Blatt.

4 · 6 = ___   6 · 6 = ___   6 · 9 = ___   7 · 2 = ___
5 · 2 = ___   3 · 7 = ___   8 · 8 = ___   3 · 10 = ___
5 · 4 = ___   9 · 3 = ___   4 · 8 = ___   9 · 9 = ___
3 · 5 = ___   6 · 8 = ___   7 · 8 = ___

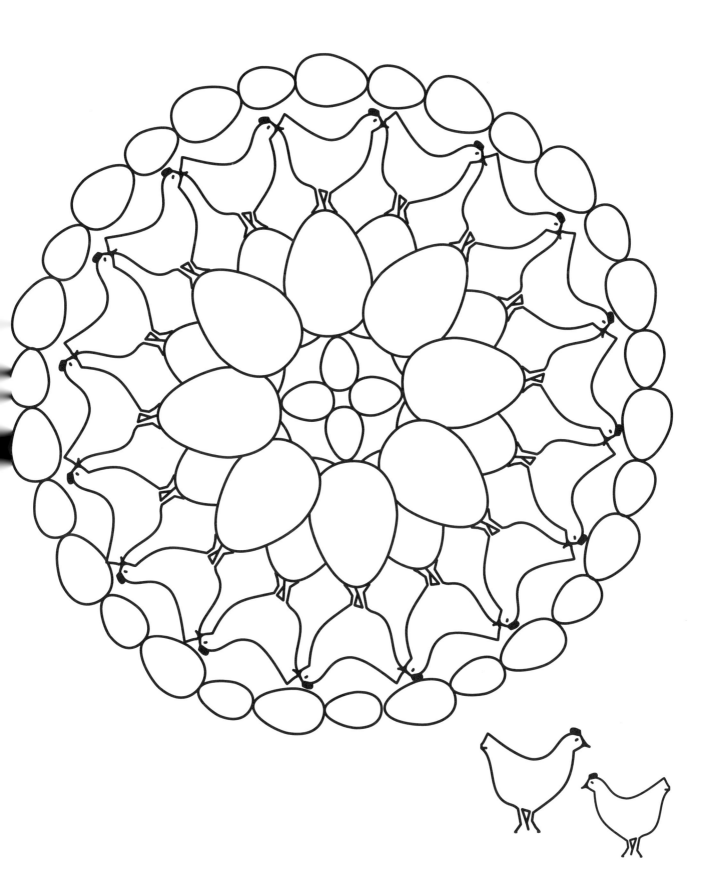

Aufteilen

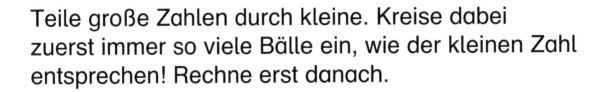

Teile große Zahlen durch kleine. Kreise dabei
zuerst immer so viele Bälle ein, wie der kleinen Zahl
entsprechen! Rechne erst danach.

(OOOOO)(OOOOO)   OOOOOO
(OOOOO)(OOOOO)   OOOOOO
20 : 5 = _____   12 : 2 = _____

OOOOOOOO   OOOOOOOOOOO
OOOOOOOO   OOOOOOOOOO
16 : 4 = _____   21 : 7 = _____

OOOOOOOOOOOOOO   OOOOOOOO
OOOOOOOOOOOOO   OOOOOOOO
27 : 9 = _____   18 : 6 = _____

Rechne diese Aufgaben auf einem extra Blatt. Wenn du
dir selbst Kreise malst, geht es einfacher.

20 : 4 = ___	30 : 5 = ___	50 : 10 = ___
16 : 8 = ___	56 : 8 = ___	16 : 2 = ___
49 : 7 = ___	27 : 3 = ___	42 : 6 = ___
63 : 9 = ___	28 : 7 = ___	36 : 9 = ___
15 : 5 = ___	20 : 5 = ___	18 : 2 = ___

Geburtstagsvorbereitungen

Peter hat zu seinem Geburtstag vier Kinder eingeladen.
Zuerst gibt es Kakao und Kuchen.
Auf jeden Kuchenteller will Peter Gummibärchen zur
Verzierung legen. Er hat insgesamt 40 Gummibärchen.
Wie viele Gummibärchen bekommt jedes Kind?
Schreibe die Rechnung auf!

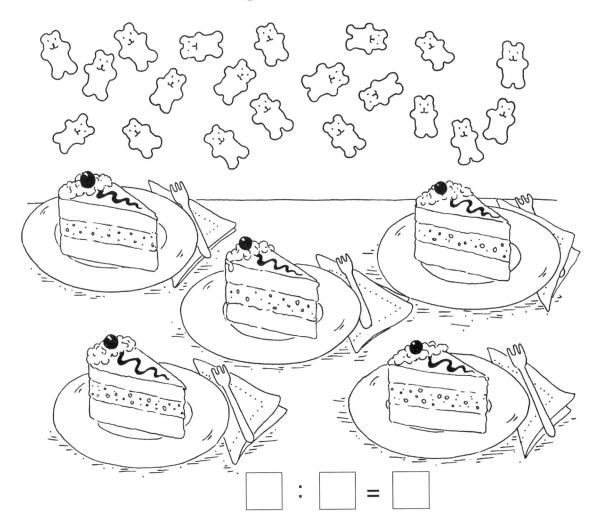

☐ : ☐ = ☐

Umkehraufgaben

Löse die Aufgaben genauso wie im Beispiel.

15 : 5 =   3
3 · 5 =   15

14 : 2 = _____
_____

20 : 4 = _____
_____

30 : 5 = _____
_____

80 :10 = _____
_____

40 : 8 = _____
_____

56 : 8 = _____
_____

35 : 5 = _____
_____

42 : 7 = _____
_____

27 : 9 = _____
_____

Messen mit Zentimetern

Wie lang sind die Streifen? Miss genau!

___ = _1_ cm

_____ = ___ cm

_____ = ___ cm

_____ = ___ cm

_____ = ___ cm

_____ = ___ cm

_____|_____ = _ cm + _ cm = _ cm

____|_____ = _ cm + _ cm = _ cm

_____|_____ = _ cm + _ cm = _ cm

__|____ = _ cm + _ cm = _ cm

Zeichne selbst auf einem extra Blatt!

2 cm + 4 cm = _ cm   3 cm + 5 cm = _ cm

8 cm + 1 cm = _ cm   4 cm + 6 cm = _ cm

Die Länge des Schulwegs

Miss die verschiedenen Strecken mit deinem Lineal.
Rechne dann die Strecken jedes Weges zusammen!

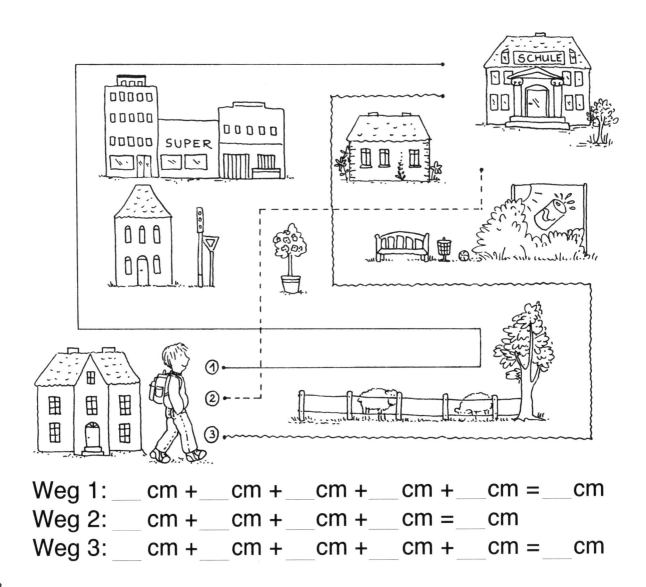

Weg 1: ___ cm + ___ cm + ___ cm + ___ cm + ___ cm = ___ cm
Weg 2: ___ cm + ___ cm + ___ cm + ___ cm = ___ cm
Weg 3: ___ cm + ___ cm + ___ cm + ___ cm + ___ cm = ___ cm

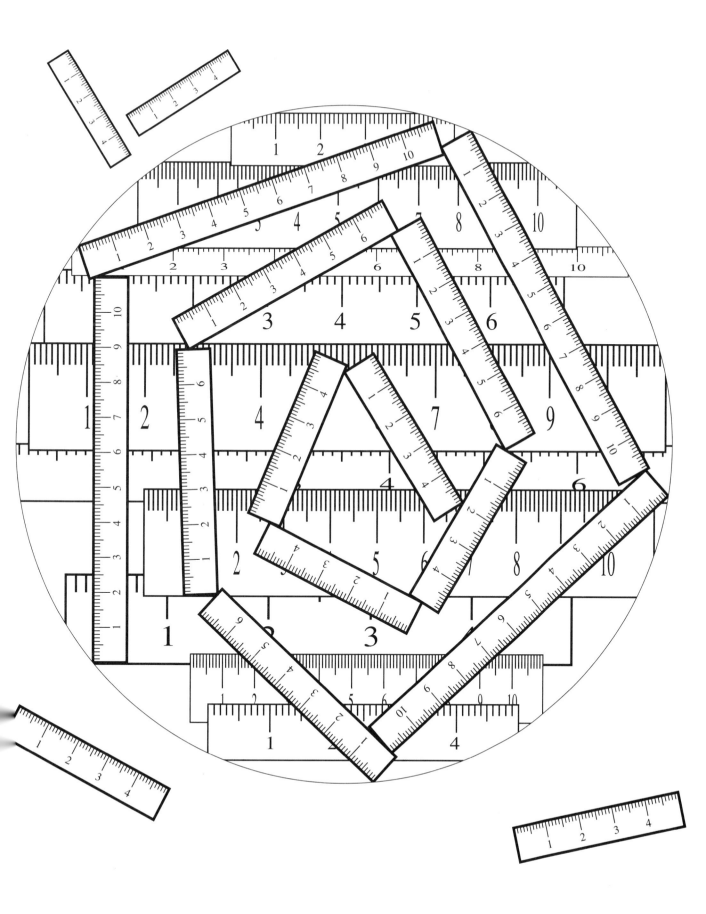

Sachaufgaben mit Metern

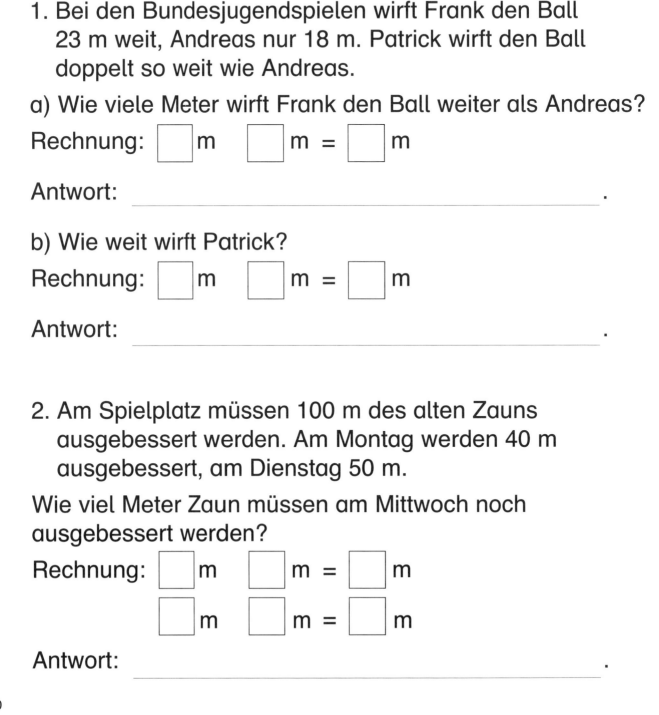

1. Bei den Bundesjugendspielen wirft Frank den Ball
   23 m weit, Andreas nur 18 m. Patrick wirft den Ball
   doppelt so weit wie Andreas.

a) Wie viele Meter wirft Frank den Ball weiter als Andreas?

Rechnung: ☐ m ☐ m = ☐ m

Antwort: _____ .

b) Wie weit wirft Patrick?

Rechnung: ☐ m ☐ m = ☐ m

Antwort: _____ .

2. Am Spielplatz müssen 100 m des alten Zauns
   ausgebessert werden. Am Montag werden 40 m
   ausgebessert, am Dienstag 50 m.

Wie viel Meter Zaun müssen am Mittwoch noch
ausgebessert werden?

Rechnung: ☐ m ☐ m = ☐ m

☐ m ☐ m = ☐ m

Antwort: _____ .

Die Uhrzeit

Begleite Marion durch ihren Tag.
Wann macht sie was? Schreibe die Uhrzeiten auf!

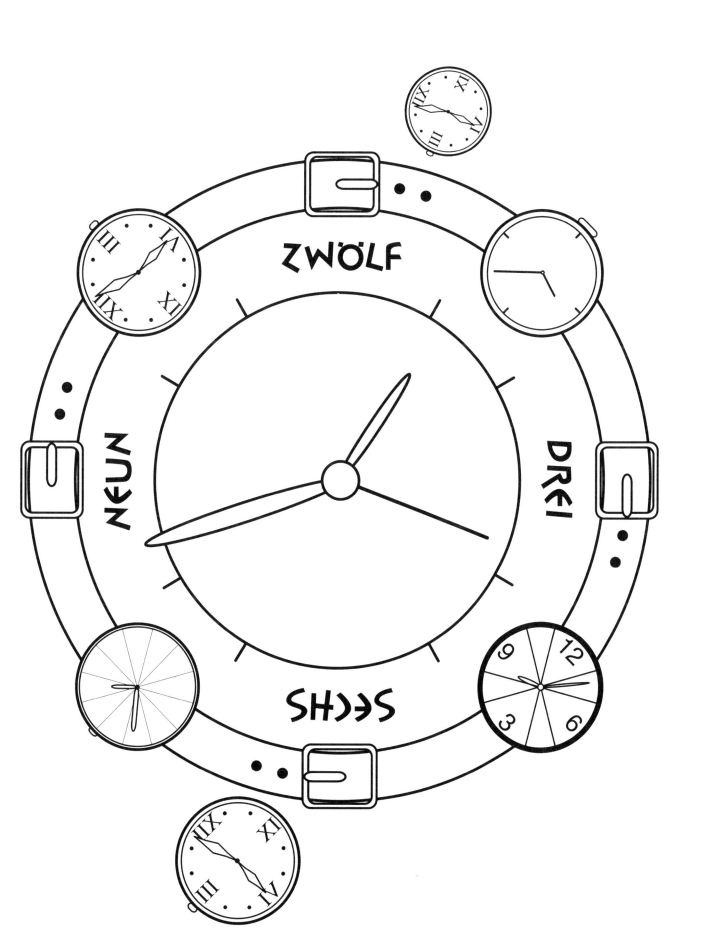

Sachaufgaben mit dem Euro

1. Anna hat 12 Euro gespart. Sie möchte sich einen Tierkalender für 16 Euro kaufen.

   Wie viel muss sie noch sparen?

   Rechnung: ☐ EUR ☐ EUR = ☐ EUR

   Antwort: _____ .

2. Als Anna genug gespart hat, erfährt sie im Geschäft, dass der Kalender nur noch die Hälfte kostet.

   Wie viel kostet der Kalender jetzt?

   Rechnung: ☐ EUR ☐ = ☐ EUR

   Antwort: _____ .

3. Anna bekommt von ihrer Mutter eine neue Hose für 32 Euro und eine Bluse für 19 Euro.

   Wie viel muss Annas Mutter bezahlen?

   Rechnung: ☐ EUR ☐ EUR = ☐ EUR

   Antwort: _____ .

Lösungen

Seite 2:

10 + **2** =	11 + **5** =	14 + **2** =	13 + **2** =
12	16	16	15
20 − **8** =	18 − **2** =	19 − **3** =	17 − **2** =

10 + **4** =	12 + **1** =	16 + **3** =	10 + **8** =
14	13	19	18
20 − **6** =	19 − **6** =	19 − **0** =	19 − **1** =

Seite 4:

8 + 7 =	18 − 9 =	4 + 8 =	15 − 7 =
8 + 2 + 5 = **15**	18 − 8 − 1 = **9**	4 + 6 + 2 = **12**	15 − 5 − 2 = **8**
9 + 6 =	16 − 8 =	5 + 6 =	14 − 9 =
9 + 1 + 5 = **15**	16 − 6 − 2 = **8**	5 + 5 + 1 = **11**	14 − 4 − 5 = **5**

Seite 6: Hast du richtig verbunden?

Seite 8:

Halbiert:

10 → 5	8 → 4	16 → 8
6 → 3	14 → 7	2 → 1
12 → 6	18 → 9	20 → 10
4 → 2	16 → 8	8 → 4

Verdoppelt:

2 → 4	6 → 12	6 → 12
5 → 10	1 → 2	2 → 4
3 → 6	10 → 20	4 → 8
8 → 16	4 → 8	7 → 14

Seite 10:

14 + 3 < 18	20 − 5 = 11 + 4	19 − 6 < 15	15 + 3 < 20 − 1
2 + 9 = 11	17 − 4 < 12 + 3	20 − 6 > 11	14 + 4 > 19 − 3
12 + 6 > 15	12 + 5 = 19 − 2	17 − 4 > 11	18 − 4 > 12 + 1
13 + 4 < 18	18 + 1 > 20 − 2	16 − 3 = 13	16 − 2 = 10 + 4
12 + 8 > 19	19 − 6 < 13 + 2	18 − 5 < 14	11 + 5 < 19 − 1

Seite 12: Wenn du richtig ausgemalt hast, siehst du einen Frosch.

Seite 14: Die Nachbarzahlen:
12–13–**14**; **97**–98–**99**; **46**–47–**48**; **65**–66–**67**; **10**–11–**12**;
24–25–**26**; **53**–54–**55**; **31**–32–**33**; **83**–84–**85**; **72**–73–**74**.

Die Nachbarzehner:
30–32–**40**; **70**–78–**80**; **60**–64–**70**; **10**–19–**20**; **80**–82–**90**;
40–45–**50**; **50**–54–**60**; **20**–21–**30**; **90**–98–**100**; **30**–33–**40**.

Seite 16:
$20 + 2 = 22$	$63 + 4 = 67$	$32 - 2 = 30$	$86 - 4 = 82$
$60 + 5 = 65$	$75 + 2 = 77$	$53 - 3 = 50$	$52 - 1 = 51$
$30 + 8 = 38$	$46 + 3 = 49$	$44 - 4 = 40$	$79 - 6 = 73$
$50 + 6 = 56$	$52 + 5 = 57$	$67 - 7 = 60$	$48 - 3 = 45$
$70 + 3 = 73$	$31 + 6 = 37$	$25 - 5 = 20$	$27 - 5 = 22$

Seite 18:
$63 + 9 =$	$12 - 7 =$	$28 + 7 =$	$24 - 8 =$
$63 + 7 + 2 = \mathbf{72}$	$12 - 2 - 5 = \mathbf{5}$	$28 + 2 + 5 = \mathbf{35}$	$24 - 4 - 4 = \mathbf{16}$
$36 + 6 =$	$84 - 5 =$	$47 + 4 =$	$21 - 4 =$
$36 + 4 + 2 = \mathbf{42}$	$84 - 4 - 1 = \mathbf{79}$	$47 + 3 + 1 = \mathbf{51}$	$21 - 1 - 3 = \mathbf{17}$

Seite 20:
$38 + 21 = 59$; $42 + 26 = 68$; $64 + 24 = 88$;
$82 + 15 = 97$; $28 + 51 = 79$; $66 + 32 = 98$.

Seite 22:
$17 + 26 = 43$	$17 + 46 = 63$	$28 + 68 = 96$
$17 + 20 = 37$	$17 + 40 = 57$	$28 + 60 = 88$
$37 + 6 = 43$	$57 + 6 = 63$	$88 + 8 = 96$
$56 + 35 = 91$	$13 + 29 = 42$	$37 + 27 = 64$
$56 + 30 = 86$	$13 + 20 = 33$	$37 + 20 = 57$
$86 + 5 = 91$	$33 + 9 = 42$	$57 + 7 = 64$
$48 + 38 = 86$	$66 + 29 = 95$	$57 + 24 = 81$
$29 + 34 = 63$	$17 + 48 = 65$	$37 + 35 = 72$
$17 + 75 = 92$	$19 + 48 = 67$	$33 + 38 = 71$

Seite 24:
$81 - 48 = 33$	$95 - 26 = 69$	$53 - 39 = 14$
$81 - 40 = 41$	$95 - 20 = 75$	$53 - 30 = 23$
$41 - 8 = 33$	$75 - 6 = 69$	$23 - 9 = 14$
$95 - 66 = 29$	$73 - 49 = 24$	$71 - 63 = 8$
$95 - 60 = 35$	$73 - 40 = 33$	$71 - 60 = 11$
$35 - 6 = 29$	$33 - 9 = 24$	$11 - 3 = 8$
$91 - 53 = 38$	$82 - 36 = 46$	$54 - 37 = 17$
$37 - 29 = 8$	$47 - 29 = 18$	$62 - 55 = 7$
$61 - 37 = 24$	$42 - 19 = 23$	$91 - 32 = 59$

Seite 26: Wenn du richtig verbunden hast, schwimmt ein Fisch im Wasser.

Seite 28:
$4 \cdot 3 = 12$	$6 \cdot 4 = 24$
$5 \cdot 2 = 10$	$3 \cdot 5 = 15$
$4 \cdot 8 = 32$	$2 \cdot 6 = 12$
$8 \cdot 10 = 80$	

4 · 6 = 24	6 · 6 = 36	6 · 9 = 54	7 · 2 = 14
5 · 2 = 10	3 · 7 = 21	8 · 8 = 64	3 · 10 = 30
5 · 4 = 20	9 · 3 = 27	4 · 8 = 32	9 · 9 = 81
3 · 5 = 15	6 · 8 = 48	7 · 8 = 56	

Seite 30:   20 : 5 = 4; 16 : 4 = 4; 27 : 9 = 3; 12 : 2 = 6; 21 : 7 = 3; 18 : 6 = 3

20 : 4 = 5	30 : 5 = 6	50 : 10 = 5
16 : 8 = 2	56 : 8 = 7	16 : 2 = 8
49 : 7 = 7	27 : 3 = 9	42 : 6 = 7
63 : 9 = 7	28 : 7 = 4	36 : 9 = 4
15 : 5 = 3	20 : 5 = 4	18 : 2 = 9

Seite 32:   40 : 5 = 8. Jedes Kind bekommt acht Gummibärchen.

Seite 34:

15 : 5 = 3	80 : 10 = 8	42 : 7 = 6	30 : 5 = 6	35 : 5 = 7
3 · 5 = 15	8 · 10 = 80	6 · 7 = 42	6 · 5 = 30	7 · 5 = 35
20 : 4 = 5	56 : 8 = 7	14 : 2 = 7	40 : 8 = 5	27 : 9 = 3
5 · 4 = 20	7 · 8 = 56	7 · 2 = 14	5 · 8 = 40	3 · 9 = 27

Seite 36:   1 cm; 4 cm; 2 cm; 8 cm; 3 cm; 7 cm;
3 cm + 6 cm = 9 cm; 2 cm + 5 cm = 7 cm; 4 cm + 4 cm = 8 cm;
1 cm + 3 cm = 4 cm; 2 cm + 4 cm = 6 cm; 8 cm + 1 cm = 9 cm;
3 cm + 5 cm = 8 cm; 4 cm + 6 cm = 10 cm;

Seite 38:   Weg 1: 7 cm + 1 cm + 11 cm + 7 cm + 10 cm = 36 cm
Weg 2: 1 cm + 5 cm + 6 cm + 1 cm = 13 cm
Weg 3: 10 cm + 4 cm + 7 cm + 5 cm + 3 cm = 29 cm
Weg 2 ist der kürzeste!

Seite 40:   1a) Rechnung: 23 m – 18 m = 5 m
Antwort: Frank wirft den Ball 5 m weiter als Andreas.
1b) Rechnung: 18 m + 18 m = 36 m
Antwort: Patrick wirft den Ball 36 m weit.
2) Rechnung: 40 m + 50 m = 90 m; 100 m – 90 m = 10 m
Antwort: 10 m Zaun müssen noch ausgebessert werden.

Seite 42:   Aufstehen: 6.45 Uhr; Schule: 9.20 Uhr; Ballspielen: 17.30 Uhr;
Schlafen: 19.50 Uhr.

Seite 44:   1) Rechnung: 16 EUR – 12 EUR = 4 EUR
Antwort: Anna muss noch 4 Euro sparen.
2) Rechnung: 16 EUR : 2 = 8 EUR
Antwort: Der Kalender kostet jetzt nur noch 8 Euro.
3) Rechnung: 32 EUR + 19 EUR = 51 EUR
Antwort: Annas Mutter muss 51 Euro bezahlen.